AF230581

DES
GARANTIES LÉGALES

DE LA LIBERTÉ

DE LA PRESSE.

(Extrait des Archives Philosophiques, Politiques et Littéraires. N°. XVIII. —Décembre 1818.)

Oɴ a beaucoup dit, et depuis-long-temps, que la liberté de la presse était essentielle au gouvernement représentatif ; apparemment on ne l'a pas encore assez dit, car on ne le croit pas encore assez. Je n'en veux d'autre preuve que le nombre de procès entamés pour délits de la presse et les jugemens auxquels ils ont donné lieu. Ni ces procès, ni ces jugemens ne prouvent, je le sais, que la majorité du public ne soit pas convaincue que la liberté de la presse est nécessaire ; mais on pourrait être tenté d'en induire que l'administration et les tribunaux sont d'un autre avis, et cela serait très-grave. Aucune institution n'existe réel-

---

Note. Nous réimprimons ces réflexions telles qu'elles ont été insérées, au mois de décembre dernier, dans les *Archives Philosophiques, Politiques et Littéraires*. Le lecteur s'apercevra sans peine que plusieurs paragraphes, entre autres le commencement et la fin, se rapportaient alors à des circonstances complétement changées depuis.

lement que lorsque le gouvernement, convaincu ou résigné, l'a adoptée aussi-bien que le public ; aucune ne devient solide et féconde, si ce n'est quand l'autorité, la considérant comme une des manières d'être de la société qu'elle régit , y accommode sa conduite et s'applique à s'en servir au lieu de songer à la combattre. Pense-t-on que le système représentatif fût bien effectivement et bien sûrement établi si le gouvernement cherchait à éluder les élections ? La liberté de la presse , comme les élections , contient deux choses bien distinctes , un droit privé, exercé par des individus , et une institution publique qui compte au nombre des élémens de l'ordre social et de la situation du pouvoir. Or , il y a telle manière, telle habitude d'attaquer le droit privé qui met en question l'institution elle-même. Je comprends sans peine qu'on pût inventer mille moyens de contester à des contribuables l'exercice du droit d'électeurs ; et je pense en même temps que , si les procès et les condamnations de ce genre devenaient fréquens , le système électif ne se croirait ni en vigueur ni en sûreté. Le danger est de même nature et beaucoup plus grand pour la liberté de la presse ; l'institution publique et le droit privé sont là plus étroitement unis, plus intimement confondus ; l'une est en quelque sorte pleinement et constamment représentée par l'autre. Et cependant l'autorité est beaucoup plus portée à se conduire envers le droit privé, comme si l'institution ne devait jamais être compromise dans son sort. Aussi qu'arrive-t-il ? le public, auquel appartient l'institution , prend très-aisément et très-vivement fait et cause pour l'individu en qui réside le droit ; de telle sorte que l'autorité , malgré ses efforts pour isoler l'objet de son attaque, se trouve engagée dans les questions générales , et en lutte avec l'institution elle - même. On la soupçonne alors de repousser l'institution ; et comme celle-ci tient à toutes les autres, comme elle en paraît la dernière et la plus forte garantie , la méfiance , née à son sujet , s'étend bientôt plus loin ; et pour le plaisir de poursuivre quelques auteurs de plus , le gouvernement prend , envers le système entier des lois et des mœurs , un air d'hostilité qui fait douter de sa bonne foi , et de crainte qui fait douter de sa force.

Je dis que la liberté de la presse est une institution ; la raison en est simple ; elle intéresse non-seulement ceux qui écrivent , mais ceux qui lisent ; et non-seulement ceux qui lisent , mais ceux qui parlent ; et non-seulement ceux qui parlent , mais ceux qui écoutent ; on conviendra qu'ils sont nombreux. Ce n'est pas du tout pour procurer à quelques hommes l'agrément de dire leur avis qu'un peuple demande et défend la liberté de la presse ; c'est pour se procurer à lui-même tous les moyens possibles de connaître , sur ses affaires , la vérité et son intérêt. Est-ce dans l'intérêt des députés que les chambres sont faites ? est-ce même dans l'intérêt des électeurs ? non sans doute : les électeurs et les députés y ont leur part ; mais c'est dans l'intérêt de tous qu'ils sont électeurs ou députés ; et cela est si vrai que le droit des uns et des autres résulte de leur capacité présumée , ici d'après la contribution , là d'après le choix , pour connaître et soutenir l'intérêt général. La liberté de la presse n'est pas plus établie dans l'intérêt des auteurs que le système représentatif dans celui des députés.

A le bien prendre , ce qui caractérise les institutions que la France possède et où l'Europe aspire , ce n'est pas la représentation, ce n'est pas l'élection, ce n'est pas la délibération, c'est la publicité ; le besoin de publicité, dans l'administration des affaires publiques, est le trait essentiel de l'état social et de l'esprit du temps. C'est une condition impérieusement attachée à toutes les institutions, et sans laquelle elles sont impuissantes à satisfaire les sociétés modernes. Où la publicité manque, il peut y avoir des élections, des assemblées, des délibérations ; mais les peuples n'y croient pas, et ils ont raison. N'avons-nous pas vu que, sans la publicité, tout cela pouvait n'être qu'un vain simulacre, une comédie insultante ? Où la publicité existe au contraire, à quels vices dans les institutions, je dirai plus, à quelles illusions sur leur compte ne se résignent pas les peuples ? et ils ont raison encore, car la publicité seule corrige, en grande partie, les fâcheux effets d'une mauvaise machine politique. L'Angleterre en offre un grand exemple.

Je ne veux pas dire par là, tant s'en faut, que, pour toutes les institutions dont je viens de parler, peu importe qu'elles existent ou n'existent pas, qu'elles soient bonnes ou mauvaises ; je dis seulement que la publicité en fait le fond, qu'elle en est le dernier but comme le premier élément, que sans elle nulle n'est réelle ni bonne, tandis qu'avec elle celles-là mêmes qui sont mauvaises se font quelquefois supporter.

C'est donc la publicité qu'il faut accepter avant tout pour accepter nos institutions ; et il faut l'accepter dans tous ses moyens comme dans toutes ses conséquences, par la voie de la presse comme par celle de la tribune, comme par celle de la conversation. On a voulu faire du droit d'imprimer et de publier, un droit singulier dont l'exercice doit être réglé, dit-on, par des lois spéciales adaptées à sa nature. Mais le droit d'imprimer ne diffère point du droit de parler; la presse n'est qu'un moyen de conversation qui triomphe du temps et de l'espace. Elle n'est libre que là où ce qui peut se dire ouvertement et sans crainte, peut aussi s'imprimer avec sécurité : il y a folie à prétendre que ce que la bouche a droit de prononcer, la main n'ait pas le droit de l'écrire. Aussi les législations conséquentes, qu'elles aient voulu consacrer ou étouffer la liberté, ont-elles également autorisé ou proscrit les livres et les discours; et quand des crises violentes ont paru exiger des mesures passagères, la presse et la parole en ont été pareillement atteintes; la loi du 9 novembre 1815 en est la preuve. Plus d'une fois, je le sais, des gouvernemens effrayés de la publicité et désespérant de l'attaquer avec succès dans la conversation, ont essayé de lui interdire la presse ; mais ils n'ont réussi qu'à se rendre la publicité ennemie. La liberté des discours a conquis la liberté des livres ; ce sont deux jumelles inséparables, et qui se cherchent à travers tous les obstacles jusqu'à ce qu'elles se soient réunies.

Il n'y a donc pas de milieu ; croyez-vous devoir laisser parler ? laissez imprimer. Voulez-vous que les hommes n'impriment pas ? Faites-les taire. Que si votre tolérance pour les discours ne vient que de votre impuissance à les poursuivre, soyez sûrs que la même impuissance vous gagnera bientôt quant aux écrits; car la liberté, loin de vous savoir gré de l'organe que vous lui laissez dans la parole, ne l'emploiera qu'à vous arracher cet autre organe de la presse que vous essayez de lui refuser.

Ainsi, pour juger de la justice ou de la convenance de

lois pénales et de procès dirigés contre ce qu'on appelle les délits de la presse, il faut les appliquer aux délits de la parole. Si cette application paraît tyrannique et imprudente dans un cas, elle l'est aussi dans l'autre : si vous pensez, ou si, par votre silence, vous semblez penser que ce qui se dit ouvertement dans mille conversations, n'est ni coupable ni dangereux, ces mêmes choses, pour être écrites, ne le deviennent pas davantage. Direz-vous que le livre a plus d'auditeurs que la parole, et qu'ainsi son effet étant plus étendu, il est plus nécessaire d'y porter remède ? on vous répondra que si, dans un cas, deux quatre, six mille personnes lisent ce qu'une seule a publié, dans l'autre, cinq, dix, quinze mille personnes tiennent ou entendent le même langage. Vous prévaudrez-vous contre la presse de l'impossibilité même où vous êtes de poursuivre la parole ? on vous demandera des causes de l'impossibilité que vous alléguez ; et si elle provient de ce que tant de gens parlent qu'on ne saurait essayer de les faire taire, on rira de vous voir si faibles à droite, si hasardeux à gauche, et de l'importance que vous attachez à fermer une porte lorsque tant d'autres demeurent ouvertes.

En définitif, ce qu'il faut bien comprendre, c'est que dans toute discussion à ce sujet, qu'il s'agisse de lois à faire ou de procès à juger, ce n'est pas seulement un droit privé, mais encore une liberté publique, et non-seulement la liberté de la presse en particulier, mais la liberté de la pensée et de la parole en général, qui sont en question. Ce qu'il faut bien savoir, c'est qu'on ne peut contester ou restreindre un des moyens d'exercer le droit sans contester ou restreindre le droit lui-même dans tous les moyens par lesquels son exercice est possible. Et entre ces moyens, quelques divers qu'ils puissent paraître, l'union est si étroite, la solidarité si complète, qu'il n'en est pas un, qu'on puisse dire licite et libre, s'ils ne le sont tous également.

Partant donc de ce point, que la liberté qu'on réclame, c'est la liberté des opinions et de l'expression des opinions, quelqu'en soit l'instrument, recherchons comment doit être réglée la responsabilité qui accompagne cette liberté ainsi que toute autre.

Depuis trente ans environ nous faisons des lois; et cependant chaque fois qu'il nous est permis d'y regarder, nous découvrons que nous n'en avons point et qu'il en faut faire encore. Hors les lois civiles que l'état réel de la société produit toujours avec plus d'empire et moins d'effort, il est peu de points, dans notre législation, sur lesquels nous n'ayons déjà fait et ne courions le risque de faire encore cette fâcheuse découverte. C'est que depuis trente ans la plupart de nos lois politiques, criminelles, administratives, n'ont été, à vrai dire, que des lois de circonstance. Dictées par les besoins du moment, adaptées à des situations nécessairement passagères, elles ont pu prendre le nom et avoir la force de lois; mais elles n'ont trop souvent été que des mesures de gouvernement auxquelles aucune force ni aucun nom n'a pu imprimer ce caractère d'harmonie et de convenance permanente qui ne se développe que sous l'empire de principes complets et dans une société bien assise. Nous nous plaignons, et à bon droit, d'avoir consumé notre vie dans le provisoire; et nous nous étonnerions que, sur telle ou telle partie de notre législaion, vinssent à s'élever les mêmes plaintes! et nous prétendrions défendre et retenir, comme définitives, des lois faites par et pour ce provisoire que nous ne cessons d'accuser !

Il y aurait plus de conséquence à convenir pleinement du fait, à le déplorer dans notre législation comme dans notre destinée, et plus de profit à rechercher quelles lacunes ou quels vices existent, par son influence, dans les lois que nous en avons reçues. Le jour est venu, je l'espère, de sortir en effet du provisoire ; mais il faut abjurer ses œuvres pour échapper à ses dangers.

La révolution fut d'abord appelée à détruire. Ses premières lois ne furent que des instrumens de destruction. Elles s'appliquèrent à démolir, je ne dirai pas le gouvernement d'alors, mais le pouvoir lui-même, considéré d'une manière abstraite et indépendamment du possesseur. Cela devait être ; il s'agissait de changer, non le moteur, mais la machine, et non-seulement la machine politique, mais la société toute entière, c'est-à-dire, les situations sociales et leurs relations. Ce fut par les lois plus que par les discours, les émeutes et les proscriptions, que les assemblées accomplirent la désorganisation que nous avons vue ; désorganisation telle, que toute autorité semblait illégitime et devenait impossible. On reconnut enfin que la première vertu d'un gouvernement n'est pas de ne pouvoir gouverner. Buonaparte se chargea de reconstituer le gouvernement ; il opéra en ce sens, à peu près comme l'Assemblée constituante dans le sien ; à des lois hostiles contre toute autorité, il fit succéder des lois hostiles contre toute liberté ; on avait brisé tous les liens et détruit tout le ciment de l'ordre social ; il y suppléa par des chaînes, comme on contient par de dures éclisses des membres qu'une violente secousse a disjoints. Le pouvoir exécutif, mis en quelque sorte hors la loi par l'Assemblée constituante, y fut ramené à main armée par Buonaparte ; et nous l'avons vu envahir insolemment ce domaine où naguère on lui refusait dédaigneusement sa place.

A prendre les choses dans la généralité, cela est trivial ; c'est l'anarchie et le despotisme. Mais quand on y regarde de près, quand on descend dans les applications, on s'aperçoit que ce fait si trivial n'est encore que très-imparfaitement connu, et se reproduit en mille occasions où bien des gens ne le soupçonnent pas. Il infecte particulièrement nos lois, je dirai plus, nos idées en fait de lois favorables à la liberté. De telles lois sont impossibles si elles rendent le gouvernement impossible, car elles le détruisent ou l'obligent à les détruire, ce qui, en définitif, revient au même. Il faut que le gouvernement et les citoyens trouvent également dans les lois, et dans les mêmes lois, de quoi se défendre, l'un contre le désordre, les autres contre l'oppression. Il faut que chaque loi soit un arsenal ouvert à tous, où tous aient des armes à leur usage, où l'autorité ne puisse saisir les siennes sans voir tout auprès celles qui serviront à la défense de la liberté, où la licence, à son tour, ne puisse venir s'équiper seule et de pied en cap, pour braver un ennemi désarmé. C'est précisément dans le rapprochement, dans l'habile amalgame de ces deux genres de garanties que consistent les gouvernemens libres ; c'est par là qu'ils obligent le pouvoir et la liberté à ne se combattre que sur le terrain de la loi, d'une loi commune qui, ayant pourvu à leurs nécessités réciproques, a le droit de se montrer inflexible parce qu'elle s'est montrée impartiale dans sa prévoyance.

Ce sont là les lois qui nous manquent et qu'appellent

aujourd'hui les besoins publics. Les lois destructives, les lois oppressives ont pu être inévitables ; je n'accuse ni les temps qui les ont amenées, ni les hommes qui les ont faites ; il est, pour le genre humain, comme pour les individus, des nécessités qu'on peut déplorer et qu'il faut néanmoins subir. Mais il faut aussi, quand ces nécessités ne sont plus, se hâter de le reconnaître et de mettre un terme à leur empire, de peur qu'après avoir exercé le pouvoir de la fatalité, elles n'usurpent celui de la raison, et ne corrompent les générations qui naissent, après avoir désolé celles qui passent. Or, il ne s'agit aujourd'hui ni de bouleverser un ordre social incompatible avec les principes des institutions libres, ni de forcer une société dissoute à se reprendre. Il s'agit de fonder un gouvernement légal, qui contienne les garanties de la liberté et celles de la durée, tel enfin que le pouvoir puise sa force dans les mêmes lois qui lui imposeront ses règles et ses limites. C'est en nous plaçant dans ce point de vue, et dans celui-là seul, que nous pourrons sortir du provisoire et entrer en possession de l'avenir.

De toutes les questions législatives, la liberté de la presse est peut-être celle où ces principes sont encore le plus fréquemment méconnus. Cette liberté, si souvent proclamée comme un droit, n'a cependant jamais eu, aux époques même les plus favorables pour elle, qu'une existence de fait très-précaire ; les gouvernemens faibles l'ont livrée à elle-même, les gouvernemens forts l'ont détruite ; elle n'a jamais reçu cette constitution légale qui procure seule aux droits qu'elle règle des garanties effectives. Des lois ont été faites pour conquérir la liberté de la presse, aucune pour la posséder. Or, ainsi qu'un conquérant habile se hâte de convertir en possessions, par des lois, les conquêtes que lui a values la force, de même nous devons aujourd'hui donner à la liberté de la presse des lois qui nous donnent la liberté de la presse. Tant que nous n'en jouirons que comme d'un fait arraché à la faiblesse du pouvoir, elle sera à la fois menaçante et menacée ; elle ne nous appartiendra réellement et solidement qu'à dater du jour où l'on pourra, au besoin, invoquer contre ses écarts la législation même qui l'aura fondée.

Elle consiste, comme nous l'avons dit, dans la liberté des opinions et de l'expression des opinions, quel qu'en soit l'instrument. La condition essentielle de toute loi à son sujet est donc qu'en aucun cas les opinions n'en puissent être atteintes. Il faut le dire et le redire, une opinion, quelle qu'elle soit, n'est point un délit. Nous sommes loin de comprendre encore toute la portée des principes qui commencent à gouverner le monde. Nous avons proclamé la liberté des consciences, c'est-à-dire l'entière liberté des opinions en matières religieuses ; toutes les opinions ont droit à la même liberté, quel que soit leur objet, car elles sont toutes une affaire de conscience ; une opinion, en tant qu'opinion, est vraie ou fausse, rien de plus ; ni dans l'un ni dans l'autre cas la force publique ne doit s'armer contre elle, car l'erreur, comme la vérité, ne ressortit pas à un pouvoir humain. Or une opinion qui, en elle-même et par sa nature, n'est point punissable, ne le devient pas en se manifestant : non que sa manifestation ne puisse être dangereuse ; toute erreur est dangereuse de même que toute vérité est utile ; mais parce que ce n'est pas là un danger contre lequel il appartienne aux lois et à la force de lutter avec justice et succès. On a des médecins et non des peines contre les maladies; l'erreur est une maladie morale qu'il faut guérir et non punir. Et qu'on se garde d'invoquer ici, par voie de comparaison, les cordons, les lazarets, les règlemens sanitaires ; la peste est un fait matériel qui se laisse aisément constater ; mais qui constatera l'erreur, qui aura titre et moyen pour la juger, si ce n'est la raison publique, et la raison publique dans toute sa force, c'est-à-dire, avec toute sa liberté ? C'est contre l'erreur comme pour la vérité que la liberté de la presse est nécessaire ; remettre à quelques individus le jugement de l'erreur, c'est leur remettre aussi celui de la vérité, c'est leur livrer l'intelligence humaine toute entière. La raison publique se trompera peut-être, car elle n'est pas la raison suprême, et elle a aussi ses maladies ; mais qui aurait droit de prétendre prononcer pour elle, et avec moins de chances de faillir ?

Posant donc en principe que, dans aucun cas, une opinion quelconque, manifestée n'importe par quelle voie, ne saurait être considérée comme un délit, quels sont les actes publiquement commis par l'organe de la parole, de l'écriture ou de la presse, qui peuvent et doivent être légalement incriminés et punis ?

De même que la nature de l'instrument par lequel s'exerce un droit n'altère en rien celle du droit lui-même, ainsi la nature de l'instrument par lequel se commet un délit, n'apporte, dans celle du délit et de ses conséquences, aucune modification. Qu'un tort réel ait été causé avec intention, à la société ou à un individu, peu importe que l'auteur du tort se soit servi de la presse, de fausses clefs ou d'une épée. Le délit réside non dans le moyen de l'action, mais dans ses effets et dans l'intention de l'agent.

Les caractères dont la réunion constitue la criminalité d'un fait, doivent donc se rencontrer dans un acte commis par la voie de la presse, comme dans tout autre ; ces caractères sont : 1° que le fait ait été légalement incriminé d'avance ; 2°. qu'il y ait eu intention de commettre le fait légalement incriminé ; 3° que cette intention ait eu son effet, ou que l'effet n'ait été prévenu que par des circonstances indépendantes de la volonté de l'agent.

Il n'y a donc pas lieu à rédiger, pour les actes commis par la voie de la presse, une législation pénale particulière ; mais il y a lieu d'appliquer à ces actes la législation pénale commune qui détermine quelles actions sont criminelles et punissables.

Des placards sont affichés, des proclamations sont répandues, un complot est découvert ; les proclamations et les placards s'y rattachent ; leurs auteurs ou imprimeurs sont coupables, non d'un délit particulier, mais de complicité dans un complot ; c'est comme complices qu'ils seront inculpés ; les placards deviendront preuve du crime auquel ils avaient servi d'instrument.

Un pamphlet est vendu ou distribué ; à la suite de cette distribution, une émeute éclate : la relation de la cause à l'effet est évidente ; l'auteur du pamphlet est auteur de la sédition : peu importe que de sa personne, il n'ait ni brisé des métiers, ni commis aucun désordre dans les rues ; c'est comme coupable du délit de sédition qu'il sera poursuivi, et sa condamnation résultera de la preuve que la sédition qui a eu lieu a été le but de l'intention qu'il a manifestée, et la conséquence de l'action qu'il a faite dans la distribution de son pamphlet.

Un écrit est publié ; aucun effet extérieur et visible n'est produit par sa publication ; il n'y a point de sédition, point d'émeute, point de désordre ; nul délit matériel n'est commis. Cependant il est démontré que, si la publication de l'écrit n'a entraîné aucun de ces résultats, c'est que l'intention de l'auteur, par des circonstances indépendantes de sa volonté, n'a pas été accomplie : c'est un coup de feu qui a été tiré et n'a pas atteint ; c'est une étincelle qui a été déposée et n'a rien allumé ; le délit manqué était dans l'intention de l'auteur, et la possibilité de le commettre dans le moyen qu'il a employé. Il est coupable de la tentative du délit qu'il n'a pas pu, mais qu'il a voulu consommer.

Tous les actes criminels auxquels la presse peut servir d'instrument se résolvent donc, soit en complicité dans un crime ou délit, soit en tentative d'un crime ou délit dont l'accomplissement a été empêché par des causes où la volonté de l'auteur n'a aucune part.

Dans le premier cas, l'écrit publié, quelle que soit sa forme, sert de preuve à la complicité. Dans le second, il est l'action même où l'on cherche les caractères de la tentative.

Ces principes sont simples ; et si l'on eût voulu s'y renfermer, la législation pénale de la presse aurait paru fort simple elle-même. Elle se serait bornée, en effet, à infliger à l'auteur complice d'un délit, ou coupable de la tentative d'un délit déjà prévu et défini par les lois, des peines graduées selon la gravité des délits par lui tentés ou accomplis avec son concours. Il n'y avait, dès lors, presque rien à ajouter aux lois pénales ordinaires, comme on n'y a rien ajouté le jour où l'invention de la poudre a fourni un nouveau moyen d'assassinat. Mais on a craint que la nécessité de reconnaître, dans un écrit, la tentative d'un délit spécial et déterminé par les lois, ne laissât à la liberté de la presse trop de latitude ; on a voulu atteindre les opinions elles-mêmes ; et comme il était impossible de les prévoir, de les définir d'avance avec précision, on s'est rejeté dans une multitude d'expressions vagues, telles que : *atteintes portées à la stabilité du gouvernement, à la religion ; mépris de l'autorité légitime, propagation de mauvaises nouvelles*, etc. etc., d'où est résultée une pénalité obscure et illimitée qui a placé la liberté de la presse dans un état permanent de méfiance et d'hostilité contre la législation.

Il faut sortir enfin de ces voies insidieuses ; il faut, d'une part, proclamer et garantir la liberté des opinions, quel que soit le moyen par lequel elles se manifestent ; et de l'autre, reconnaître que toute tentative d'un crime prévu et défini par les lois est punissable, quel qu'en ait été l'instrument.

Les conséquences d'application de ces principes sont faciles à déduire. Essayons de les parcourir en nous conformant à la distinction établie entre les crimes et délits contre la chose publique, et les crimes et délits contre les particuliers. Si les dispositions légales qui en découlent naturellement, contiennent la double garantie dont nous avons reconnu la nécessité ; si elles assurent simultanément à la liberté et au pouvoir des moyens suffisans de défense réciproque, leur légitimité constitutionnelle et leur convenance politique seront par-là même démontrées.

Quant aux crimes et délits contre la société, auxquels la parole, l'écriture ou la presse peuvent servir d'instru-

ment, leur nature est simple et leur classification facile.
Mettant à part le cas de complicité auquel ont pourvu les
lois, ils se réduisent, comme nous l'avons vu, à des tentatives de crimes ou délits légalement prévus et déter-
minés, c'est-à-dire, à la provocation. Le code pénal
ayant dressé le catalogue des actes coupables, et ce catalogue devant être présumé complet, il y a tentative de
délit dans toute provocation à l'un de ces actes, quel
qu'il soit ; et hors de là, il n'y a ni délit, ni tentative de
délit, ni provocation. Si en effet la provocation à un certain acte, par la voie de la presse, est constante, et si cet
acte se trouve d'avance légalement incriminé, la culpabi-
lité de l'auteur est incontestable ; si au contraire on ne
peut découvrir, dans le catalogue légal des actes criminels, aucun acte spécial auquel se rapporte clairement la
provocation, l'autorité est sans titre pour poursuivre l'auteur, car nulle loi pénale, indépendante de l'instrument
qu'il a employé, ne lui saurait être appliquée.

Voici, dans ce système, les garanties de la liberté.

1°. Quand on prétend définir à part et spécialement
les délits commis par la voie de la presse, l'impossibilité
de prévoir toutes les combinaisons de la pensée et de les
resserrer dans des définitions précises, introduit dans la
législation une ambiguïté, un vague où tout peut se trouver compris sans que rien y soit déterminé. La diversité
des formes que peut faire revêtir à l'acte la souplesse de
l'instrument, tourne ainsi contre l'acte même ; car la législation, s'efforçant de saisir toutes ces formes, se voit
en quelque sorte contrainte, pour ne laisser échapper aucun acte coupable, d'enfermer dans le cercle pénal une
multitude d'actes innocens. Quand, au contraire, la légis-

lation est réduite à définir les actes en eux-mêmes, et sans regard à l'instrument employé pour les commettre, la précision des définitions devient à la fois indispensable et possible. Un fait quelconque, considéré comme fait et dans sa nature ou dans ses effets, a des caractères simples et clairs qu'il serait également difficile de méconnaître ou d'étendre. La sédition, par exemple, est un fait évident et très-susceptible d'une définition précise : essayez en revanche de définir les discours et les écrits séditieux ; l'impossibilité d'y réussir vous poussera nécessairement à employer des termes si généraux, à construire des phrases si vagues, que la dénonciation franche des abus, la discussion libre des mesures de l'autorité, s'y trouveront tacitement comprises. Que si vous vous bornez au contraire à déclarer punissable quiconque aura provoqué, n'importe par quelle voie, au fait de la sédition, tel que le caractérisent les lois, vous forcez le pouvoir accusateur à démontrer la tentative d'un délit clair, déterminé, auquel devront se rattacher toutes les preuves ; et la garantie que trouvent toutes les libertés du citoyen dans la spécialité et la netteté des définitions légales communes, s'applique ainsi à la liberté de la presse, sans qu'on vous puisse accuser de l'avoir affranchie d'une juste responsabilité.

J'ajoute que les mêmes causes qui, dans les procès entamés pour délits de ce genre, placeront la discussion et les preuves sur un terrain moins vague et plus circonscrit, rendront aussi ces procès plus difficiles, et partant les accusations plus rares.

2°. Une seconde garantie qu'obtient par là la liberté, c'est la nécessité imposée au pouvoir, lorsqu'il voudra poursuivre un individu pour cause de provocation, par la voie de la presse, à tel ou tel délit, de bien diriger son accusation, c'est-à-dire, de n'accuser le prévenu que du fait dont il est réellement coupable, si en effet il est coupable, et non d'un fait plus grave. Je raisonne dans l'hypothèse du jugement par jurés, la seule que je regarde comme admissible. Quand le ministère anglais a fait poursuivre, pour crime de haute trahison, Watson, Hooper et autres complices des désordres de Spafields, il a échoué, et l'on a pensé généralement en Angleterre que, s'il les eût seulement accusés du fait de sédition, le jury les eût déclarés coupables; la même faute a été commise, si je ne me trompe, dans l'affaire du libraire Hone. Et en effet c'est un juste sujet de prévention contre le pouvoir accusateur, que l'intention par lui manifestée d'attribuer à un fait une criminalité plus forte que celle qu'il contient, pour faire infliger au prévenu une peine plus sévère que celle qu'il a méritée. Il est dans les conditions essentielles d'une bonne justice que le fait soit caractérisé et puni selon sa vraie nature. Or, ce n'est pas un médiocre avantage que de placer l'autorité dans une situation telle, que pour réussir elle soit contrainte de se montrer juste et véridique dans ses poursuites mêmes. On atteint ce but en introduisant, dans l'échelle des provocations, une graduation correspondante à celle des délits. Un homme a provoqué par un pamphlet à la désobéissance aux lois ou à l'insulte envers les magistrats, délits prévus par le code pénal : il est juste, il est nécessaire qu'il soit condamné à la peine qu'il a encourue; mais il est juste et nécessaire, en même temps, que, si l'autorité veut l'accuser d'avoir provoqué au renversement du trône , sa déloyauté dans la qualification du fait fournisse au prévenu des moyens légaux de repousser l'accusation. A parler en thèse générale , c'est le principal bienfait des gouvernemens libres d'imposer d'avance au pouvoir la raison, la justice, la vérité ; et nulle combinaison législative n'est sage ni habile , si elle ne se dirige surtout dans cette vue.

3°. Enfin, et c'est ici un point qui exigerait des développemens dans lesquels je ne puis entrer, le système que je défends a l'immense avantage d'atténuer, autant que faire se peut, le danger des délits *constructifs*, danger inévitable, en une certaine mesure, dans le jugement des délits commis par la voie de la presse. Remarquez en effet le caractère singulier des délits de ce genre, c'est-à-dire, de ces tentatives de délits qu'on appelle *provocations*. La criminalité d'un fait réside dans deux élémens, l'intention de l'agent et le mal produit par l'action. Le premier de ces deux élémens, l'intention, est toujours un élément moral qui ne se laisse point extérieurement saisir, et que la raison seule atteint et détermine par voie d'induction ; mais le second est communément un fait matériel et sensible qui se constate par lui-même, et dont la certitude se manifeste en même temps que son existence. Le procès commence par le fait, lequel est connu, avéré, et la procédure a pour but de rechercher, 1°. quel individu est l'auteur du fait, et 2°., lorsque l'individu est saisi, s'il a eu réellement l'intention de le commettre ; en telle sorte qu'elle part de l'élément matériel et certain pour marcher à la découverte de l'élément moral et douteux, ainsi que de l'agent dans la personne duquel ces deux élémens se doivent réunir. Et lors même qu'il n'y a eu que tentative de délit, comme la tentative d'un fait matériel entraîne le plus souvent, à elle seule, des faits également matériels et saisissables, il y a presque toujours des premières données extérieures et visibles qui suffisent pour constater la réalité du délit. Rien de semblable dans les tentatives de délits auxquelles la pressse seule a servi d'instrument : là, nul élément matériel du délit ne se présente et ne peut servir de point de départ; il n'y a de donnée matérielle que l'instrument, lequel est indifférent dans la question. Il s'agit de savoir si telles paroles ont été prononcées, si telles phrases ont été écrites dans l'intention, toujours cachée et incertaine, de produire tel effet également caché et incertain, puisqu'il n'a pas été réellement produit; il faut donc atteindre par voie de conjecture, de présemption, d'induction, de divination en quelque sorte, non-seulement l'élément moral du délit qui est l'intention, mais encore l'élément matériel lui-même, c'est-à-dire, le fait que la provocation pouvait amener et qui n'est cependant pas sorti du néant. On cherche un délit où il n'y a point de corps de délit, un délit que le juge, pour le découvrir, est obligé de construire en quelque sorte lui-même avec des probabilités morales : situation singulière et unique encore, si je ne me trompe, dans la longue série des actes qui peuvent devenir, pour l'homme, sujet de responsabilité juridique. Les législations oppressives ont adopté un moyen fort simple de sortir d'embarras; elles ont vu dans les écrits, non l'instrument, mais le corps même d'un délit; au lieu de rapporter les tentatives ou provocations commises par la voie de la presse, à des actes incriminés en eux-mêmes et d'une manière indépendante, par les lois communes, elle ont entrepris la définition directe des discours et des écrits coupables, c'est-à-dire, qu'elles ont fait ce dont nous avons reconnu l'impossibilité et le danger, des lois pénales particulières pour la presse, qui ont attaché la criminalité non à la tentative de tel ou tel acte, mais à la manifestation de telle ou telle pensée. Qu'est-il résulté de là? que dans les pays où, par la vertu d'autres institutions, la liberté de la presse s'est établie, ces lois pénales, faites contre elle, sont tombées en désuétude, et que là où elles ont continué de s'appliquer selon l'esprit de leur rédaction, la liberté de la presse a succombé sous leur empire.

Déclarez au contraire qu'il n'y a de délits possibles par la voie de la presse, que la provocation à tel ou tel acte, spécialement et indépendamment incriminé d'avance par la loi commune, dès lors la question prend un autre aspect : vous donnez à l'accusation et au jugement un point de départ et un but fixe auquel tout doit se rapporter ; vous introduisez en quelque sorte dans l'affaire un élément matériel qui lui imprime un caractère plus clair et plus simple ; l'écrit n'est plus que le dépôt des preuves d'après lesquelles le juge est appelé à examiner si en effet il y a eu tentative de commettre un délit certain et déterminé. C'est la preuve qui devient *constructive*, comme elle l'est presque toujours ; mais le délit lui-même cesse de l'être, autant du moins que le permet la nature des choses. Il faut que vous découvriez, par les témoignages que rend l'écrit, la tentative d'un délit légal, et si vous ne l'y retrouvez pas, vous n'êtes pas libre d'en construire un autre.

Quelques personnes ont attaché une grande importance

à la distinction de la provocation *directe* et *indirecte.* Je ne puis partager leur opinion. Quand vous avez obligé l'accusation à se *particulariser* en se dirigeant vers un acte spécial, défini dans la loi commune, quand vous avez donné pour juge au prévenu un jury bien constitué, la question soumise aux jurés est celle-ci : N.... *a-t-il, par tel passage de tel écrit, provoqué à tel crime ou délit, prévu par tel article de telle loi ?* Que la provocation soit directe ou indirecte, peu importe ; ce qui est à décider, ce qui constitue la tentative de délit, c'est le fait et non le mode de la provocation : il n'y a jamais de provocation directe proprement dite, si ce n'est dans les placards affichés le jour même où éclate une insurrection ou un complot ; et s'il peut y avoir, comme cela est évident, des provocations indirectes, quel motif légitime de les absoudre ? Que gagneriez-vous d'ailleurs à en interdire la poursuite, si ce n'est d'obliger à un mensonge l'autorité qui accuse et le juge qui prononce ? Quand le fait de la provocation paraîtra constant aux jurés, ils le déclareront, dussent-il la qualifier de *directe*, quoi qu'elle ne le fût pas. Il ne faut jamais oublier que la provocation ou la tentative de délit est un fait que la conscience des jurés est appelée à reconnaître. Or un fait est ou n'est pas ; il ne peut donner lieu à nulle autre question. La garantie serait donc illégitime dans son principe et illusoire dans ses effets.

Quant à celles que doit réclamer le pouvoir, dans l'intérêt de l'ordre public, elles me paraissent pleines et fortes dans le système que j'expose. Quoi de plus efficace que de déclarer que toute provocation à un délit prévu par les lois sera considérée comme tentative de délit, et punie d'une peine proportionnelle à celle qu'encourrait l'auteur du délit même ? C'est soumettre l'homme qui cherche dans la presse ses moyens d'action à la responsabilité commune qui pèse sur tous les citoyens ; il n'y a nulle raison de l'en affranchir, en quoi que ce soit : mais aussi il n'y a nulle raison de créer pour lui une responsabilité particulière et plus vague ou plus étendue. Il y a de plus, si je ne me trompe, quelque chose de moral dans un principe qui établit que toute provocation à un délit, quel que soit ce délit, est punissable ; elle l'est en soi, et il est bon qu'elle le soit légalement. Sans doute les lois pénales contiennent un assez grand nombre de délits auxquels personne ne provoquera probablement jamais ; mais qu'importe? s'il devait résulter, de la latitude donnée au principe, une facilité plus grande à obtenir la condamnation d'un individu pour cause de provocation à certains délits particuliers, je concevrais qu'on voulût le restreindre ; mais il n'en est rien ; les provocations ou tentatives demeurent distinctes et isolées comme les délits mêmes ; la faculté de poursuivre l'une ne donne ni plus de droits ni plus de moyens contre l'autre.

Vient maintenant une autre classe de délits auxquels la presse, comme la parole, peut servir d'instrument, et qui doivent être l'objet de dispositions spéciales ; ce sont les délits contre les particuliers. On ne saurait se le dissimuler ; les délits de ce genre sont le fléau de la liberté de la presse, et c'est par là que ses ennemis l'attaquent avec le plus d'avantages. Que les mesures du gouvernement, que les institutions sociales soient publiquement débattues et deviennent l'objet de censures plus ou moins fondées, plus ou moins amères, les gens sensés s'en applaudissent et les timides s'y résignent. L'autorité possède la force ; c'est son devoir d'avoir raison ; et si elle a raison, que peut-elle redouter de ces attaques individuelles ? Mais qu'un citoyen qui vit retiré, qui n'a et ne veut avoir rien à démêler avec le public, soit livré au public par le premier venu à qui il prendra fantaisie de gloser, dans un journal ou dans un pamphlet, sur sa conduite, sa famille, les événemens de sa vie privée ; que la liberté de la presse, dérogeant à son noble emploi, qui est d'éclairer les peuples sur leurs intérêts et leurs affaires, s'abaisse à satisfaire la malignité ou à charmer l'ennui des oisifs, c'est là ce qui blesse et irrite un grand nombre d'hommes, d'ailleurs éclairés et raisonnables, mais qui ne croient pas à l'utilité des petits scandales et ne se soucient nullement de leur servir de pâture.

Il y a dans tout cela de l'inévitable ; pour la liberté de la presse comme pour toutes les choses humaines, je ne sais aucun moyen d'extirper complétement le mal et de jouir du bien dans toute sa pureté. Peut-être y aurait-il aussi quelque chose à dire sur la question de savoir si le véritable principe des abus n'est pas plutôt dans la nature des anciennes mœurs et dans la distribution des situations sociales, que dans la liberté de la presse elle-même. Peut-être conviendrait-il d'examiner quelles en sont, en définitif, les conséquences pour la morale publique et l'état des personnes. Mais j'aime mieux convenir simplement du mal ; il est réel ; la liberté de la presse peut en souffrir ; il faut le resserrer dans des limites aussi étroites que le permettra le maintien rigoureux de cette précieuse liberté.

Je réduis à deux les délits contre les particuliers qui

peuvent être commis par la voie de la presse, la diffamation et l'outrage ou l'injure. J'efface des lois la calomnie; c'est, je pense, le seul moyen d'attaquer avec succès le mal dont on se plaint.

La calomnie est l'imputation d'un fait faux. La première question qui se présente, sur une plainte en calomnie, est donc celle de savoir si le fait imputé est vrai; car, s'il est vrai, il y a contradiction à le qualifier de calomnieux. Mais de ce qu'un fait est vrai, s'ensuit-il que tout individu ait le droit de l'imputer publiquement à son auteur? cela ne se peut; la réputation d'un citoyen est sa propriété, aussi-bien que sa fortune pécuniaire; et rien ne m'autorise à la lui ravir, quand même elle ne serait pas méritée, pas plus qu'il ne m'est permis à moi indifférent d'enlever à un autre son bien, parce que je sais qu'il l'a mal acquis. L'intention de nuire et le dommage causé sont, ainsi que nous l'avons vu, les caractères constitutifs du délit; or, ces caractères peuvent exister indépendamment de la vérité ou de la fausseté des imputations; la preuve de leur vérité ne suffirait donc pas pour effacer le délit; on ne peut donc poser en principe que cette preuve doit toujours être admise, et que, si elle est faite, le prévenu de calomnie n'est pas coupable.

Mais, d'autre part, il est également impossible de soutenir que la vérité ou la fausseté des imputations soit, dans tous les cas, une circonstance absolument indifférente, et que le prévenu de calomnie qui offre de faire la preuve, n'y doive jamais être admis. Il est des occasions où le tort de la publication dépend presque entièrement de la question de savoir si les faits publiés sont vrais ou faux; il en est d'autres où leur vérité est si notoire, que le jugement qui, refusant d'en recevoir la preuve ; les déclare calomnieux, en devient absurde et ridicule. Que M. W..... ait abusé de la confiance de M. A...., d'une manière assez adroite ou assez bizarre pour que les lois pénales ne l'atteignent point, faudra-t-il que, si M. A.... rend publique la conduite de M. W...., et est poursuivi par lui comme calomniateur, il soit condamné sans être admis à prouver que les faits dont il s'est plaint, bien qu'échappant à la vindicte des lois, sont réels et nuisibles ? Si un individu publie sur le compte d'un autre des faits déjà connus et généralement tenus pour certains, lui refusera-t-on de prouver ce que croit et répète tout le public ? La liberté de la presse a pour principal objet de suppléer à l'insuffisance inévitable des lois, et de prêter force à l'opinion publique ; lui interdire toujours et absolument la preuve, c'est la condamner à l'impuissance.

Il y a plus : la théorie qui, repoussant toute preuve de la vérité des faits, n'admet d'autre excuse contre la plainte en calomnie, que la production de la preuve légale, c'est-à-dire, d'un jugement ou d'un acte authentique, est impossible dans l'exécution et se trouve perpétuellement violée dans les procédures mêmes où l'on s'efforce de la consacrer. Je n'en veux d'autre exemple que le grand procès qui occupe en ce moment nos tribunaux, par suite de la plainte en calomnie de M. le baron Canuel contre MM. Fabvier et Senneville au sujet des événemens de Lyon. Le tribunal, appliquant les dispositions du code, a refusé d'entendre des témoins, et déclaré que la preuve légale serait seule admise. Que font cependant les avocats ? Ils soutiennent la vérité ou la fausseté des faits, et ils apportent à l'appui de leur opinion des preuves morales d'une nature exactement pareille à celle des témoignages. Et il faut bien qu'ils fassent ainsi, car ils ne peuvent faire autrement ; et il faut bien que le tribunal les laisse faire, car s'il les empêchait le procès serait impossible. Pour que la théorie fût respectée, et la loi appliquée dans sa rigueur, il aurait fallu que l'avocat de M. Canuel, sans discuter aucunement les imputations dont il se plaint, se bornât à en demander la preuve légale ; si ses adversaires n'avaient pu la fournir, il aurait, par cela seul, obtenu aussitôt gain de cause. Mais on voit sans peine que le plaignant qui procéderait ainsi, commencerait par se condamner lui-même, pour gagner ensuite fort inutilement son procès.

C'est qu'il n'est au pouvoir ni des juges, ni des lois, de changer la nature des choses ; c'est que, dans les cas où la condamnation du prévenu ne peut être justifiée aux yeux de la raison et du public, que par la preuve de la fausseté des faits imputés au plaignant, il faut absolument que celui-ci fasse cette preuve ; et s'il l'entreprend, il faut bien que le prévenu la repousse par la preuve contraire. On peut se placer un moment dans l'absurde ; mais s'y établir est chose impossible : car sa nature est telle, que ceux-là même qui en soutiennent les principes, se sentent contraints d'en repousser les conséquences, et de rentrer malgré eux sous l'empire de la vérité.

Ceci nous amène à reconnaître qu'il y a erreur, et une erreur fondamentale à placer, dans la calomnie, c'est-à-dire, dans l'imputation d'un fait faux ou présumé tel, le caractère légal des abus de la presse dont les particuliers peuvent être l'objet. C'est dans la diffamation qu'il faut chercher ce caractère ; c'est là en effet qu'il réside et qu'on peut le saisir.

La diffamation consiste dans l'imputation de faits tels que l'individu à qui ils sont imputés éprouve, par leur publication, dans sa réputation, son état ou ses intérêts légitimes, un dommage qu'il n'eût pas souffert si l'écrit qui les contient n'eût pas été publié.

Un exemple éclaircira ma pensée ; et, pour l'exposer dans toute son étendue, je choisirai le plus défavorable.

Un Européen s'était établi à Surinam; il y avait acquis, dans le commerce, la plus grande considération : sa probité, sa franchise, ses vertus étaient incontestables et universellement reconnues. Aucun négociant n'avait plus complétement obtenu et ne méritait mieux l'estime publique. Il fut atteint d'un ulcère sous l'aisselle ; une opération était jugée indispensable, il s'y refusa constamment et mourut. Après sa mort, on découvrit qu'il avait été marqué à l'épaule comme faussaire. Il avait noblement réparé son crime ; il aima mieux l'expier par la mort que par la honte.

Que Surinam eût été un pays libre, et qu'un ennemi, un envieux y eût imprimé que ce négociant, si vertueux, si estimé, était un faussaire ; que des poursuites, n'importe par qui, eussent été exercées contre l'auteur de cette imputation, et l'eussent amené devant de bons jurés, il pouvait offrir la preuve du fait, il pouvait même en rapporter la preuve légale, et cependant il eût dû être condamné comme diffamateur ; il l'eût été peut-être, car son action eût présenté le double caractère d'une méchante intention et d'un grand dommage causé à un homme qui, sans son écrit, ne l'eût pas souffert.

C'est qu'en effet ces deux caractères, qui sont les élémens constitutifs de tout délit, se présentent seuls dans la diffamation telle que nous l'avons définie. Et ce qui distingue la diffamation de la calomnie, ce qui impose au législateur la nécessité de substituer la première à la seconde, c'est que dans la calomnie réside inévitablement un troisième caractère sur lequel la loi est obligée de statuer d'une manière générale dont on ne saurait, par conséquent, se dégager dans la procédure, et qui, cependant, fait ou ne fait point, selon les cas, partie intégrante du délit; c'est celui de la vérité ou de la fausseté des faits.

La diffamation substituée à la calomnie, voici donc ce qui pourra arriver. Le plaignant pourra, à son gré, soutenir à l'appui de sa plainte que les faits sont faux, ou plaider seulement qu'ils sont diffamatoires. Le prévenu sera, dans tous les cas, obligé de contenir sa défense sur le terrain où le plaignant aura établi son attaque : et le jury n'ayant à rendre son *verdict* que sur le fait de la diffamation, et non sur la vérité ou la fausseté du contenu de l'écrit, prendra ou ne prendra pas ce dernier point en considération, selon les circonstances. S'il lui est évident que le prévenu a voulu causer et a en effet causé un dommage réel au plaignant, il le déclarera diffamateur, les faits publiés par lui fussent-ils vrais. Si au contraire l'état du plaignant dans la société est tel, si sa réputation est tellement perdue, si les faits sont tellement notoires que leur publication n'ait ajouté pour lui aucun dommage à celui que lui avait déjà causé leur réalité, le jury, statuant qu'il n'y a pas diffamation, le renverra de sa plainte, En un mot, le débat et le jugement s'établiront, non sur la vérité ou la fausseté des faits, circonstance d'où peuvent ne dépendre ni le délit commis ni le dommage souffert, mais sur l'intention et les effets de l'écrit, c'est-à-dire sur les véritables élémens et du dommage et du délit.

L'outrage ou l'injure doit aussi être considéré comme un délit dont les particuliers sont fondés à se plaindre, et auquel la presse peut servir d'instrument. Nul individu n'est en droit d'employer publiquement, envers un autre des expressions outrageantes ; et s'il existe dans nos mœurs contre ce genre d'offenses, un mode de répression qui n'a pas recours aux tribunaux, c'est une raison de plus pour que les lois ouvrent, à qui voudra s'en servir, des voies de répression juridique. L'outrage et l'injure ne sont pas susceptibles de définition ; leur réalité est un fait que le jury seul peut reconnaître.

On a agité la question de savoir si la diffamation et l'ou-trage ou l'injure pouvaient atteindre les corps constitués, comme les individus, et devenir en ce cas matière de pour-suites. L'affirmative ne me paraît pas douteuse. Je suis fort loin de penser qu'on puisse diffamer ou injurier en masse un ordre entier de fonctionnaires ou de citoyens, comme la magistrature, le clergé, l'armée, etc. De telles diffa-mations ou injures ne sont pas possibles en ce sens qu'elles n'atteignent personne ; car ce serait une étrange fiction que d'*individualiser* de la sorte une multitude de citoyens entre lesquels il n'y a de commun que la profession. Ces pré-tendues diffamations ne sauraient constituer un véritable délit, que lorsqu'elles prennent le caractère de la provo-cation à un délit déterminé, tel que la sédition, la déso-béissance aux lois, etc., et alors elles rentrent dans la classe des délits contre la société en général. Mais un corps con-stitué particulier, l'une des deux chambres, un conseil mu-nicipal, une cour de justice, peuvent fort bien être l'objet d'une diffamation ou d'un outrage punissable. Sans doute, si ces corps s'acquittent bien de leurs fonctions, si l'estime les environne, si l'opinion sanctionne leurs actes, la diffamation dirigée contre eux ne diffamera que son auteur ; mais ce n'est alors qu'une raison de plus de la poursuivre. Il est des circonstances où le respect public a besoin de se manifester par le châtiment de celui qui a tenté d'y porter atteinte. Le respect ne se commande point, je le sais ; on ne l'inspire ni par des lois ni par des peines, car il n'y a point de respect dans la crainte, et la servilité qui s'abaisse devant la force n'a rien de commun avec ce sentiment pieux qui rend hommage à la justice et à la raison. C'est ici le respect véritable qu'il faut soigneusement défendre contre l'insulte et la profanation ; sentiment plein de dignité et de liberté, il ne peut naître que de causes légitimes ; il n'accompagne les institutions et leurs ministres qu'autant qu'ils ont su le mériter ; mais quand il existe, quiconque l'offense est coupable. Or, on ne peut se le dissimuler, nous succédons à un siècle ; nous avons vécu dans des temps où peu de choses ont été respectables et respectées ; les choses anciennes ont perdu toute autorité sur les âmes ; les choses nouvelles n'ont pu acquérir assez de consistance ni se produire sous des formes assez nettes et assez pures pour répondre aux besoins mêmes qui les appelaient. La faculté de respecter n'est point glacée en nous ; peut-être même y a-t-il dans les sentimens et dans les idées qui nous agitent aujourd'hui, une puissance de vénération et d'affection plus grande qu'à aucune autre époque : car, quoi de plus grave, quoi de plus pénétrant que la justice et la liberté ? Mais cette puissance ne sait pas bien encore comment elle se peut déployer, ni sur quels objets elle doit étendre sa protection salutaire. En un tel état, si l'on ne peut, si l'on ne doit pas prétendre tout à coup au respect, il faut du moins repousser avec force l'insulte, l'outrage, la licence; par là seulement, vous pourrez rendre à ce qu'il y a de sérieux et de moral dans l'homme, son légitime empire, c'est-à-dire ranimer les seuls sentimens, les seules habitudes d'esprit sur lesquels se puisse fonder la liberté.

Quant aux garanties spéciales que doit obtenir la liberté d'examen de la conduite des autorités publiques, nous les chercherons tout à l'heure dans les conditions et le mode de la poursuite de la diffamation et de l'injure. C'est là qu'elles doivent être placées.

J'ai parcouru les principales questions que présente, en ce qui concerne la pénalité, la législation de la presse, laissant de côté tout développement et toute question secondaire. Quant aux peines, je crois que, sauf les cas de complicité, elles ne doivent jamais être autres que l'emprisonnement et l'amende, entre un *minimum* et un *maximum* assez distans pour admettre un grand nombre de degrés. Les peines cruelles ou infamantes auraient ici, plus encore que partout ailleurs, l'infaillible résultat d'assurer l'impunité, ou de décrier, dans l'opinion, le jugement qui les aurait infligées.

Il s'est élevé, à l'occasion des délits commis par la voie de la presse, une question qui, dans toute autre matière, aurait paru au moins bizarre; c'est celle de savoir s'il peut y avoir des complices. Je ne sache pas qu'aucune législation ait jamais déclaré que, pour une certaine classe de délits, il n'y aurait jamais lieu à poursuite pour cause de complicité. C'est cependant ce que demandent ceux qui soutiennent que, lorsque l'auteur d'un écrit est connu, l'imprimeur ni le libraire ne sauraient, en aucun cas, être condamnés ni même accusés. Singulier exemple de l'empire que peuvent exercer, pour fausser les idées, une mauvaise législation et une mauvaise conduite de l'autorité qui poursuit les délits ou de celle qui les juge ! Parce que quelques imprimeurs ou quelques libraires ont paru, depuis trois ans, avec raison peut-être, injustement poursuivis ou condamnés, voilà qu'on veut poser en principe que jamais, si l'auteur est connu, ils ne pourront être atteints ; et le gouvernement lui-même, l'an dernier, a reconnu ce principe. Il consiste, je le répète, à établir d'avance et indépendamment des faits, l'impossibilité de la complicité entre l'auteur d'un écrit et son imprimeur ou son libraire. Or, qui ne voit que cette prévision légale choque les plus simples maximes du bon sens ? La responsabilité d'une action, quelle qu'elle soit, est commune à tous ceux qui l'ont faite ; par quel motif raisonnable en affranchirez-vous celui qui sciemment y a concouru par ses presses, si en effet il y a sciemment concouru ? C'est là la question, et elle ne saurait être décidée d'avance ni d'une façon générale, car c'est une question de fait. Sans doute, le plus souvent, ni l'imprimeur ni le libraire ne seront complices ; sans doute on ne peut exiger d'eux qu'ils se fassent les censeurs de tout ce qu'ils impriment ou vendent ; sans doute le seul fait d'avoir imprimé ou vendu ne saurait constituer la complicité ; mais si, dans telle ou telle occasion, d'autres faits se joignent à celui-là, si la complicité résulte évidemment de leur concours, faudra-t-il donc que le ministère public ne puisse poursuivre, que les tribunaux ne puissent condamner, et qu'une responsabilité volontairement encourue soit pleinement éludée? Et, par exemple, si quelque imprimeur ou quelque libraire s'avise de n'imprimer ou de ne vendre que des écrits diffamatoires ou provocateurs, jouira-t-il donc, tant que les auteurs seront connus, d'un privilége d'inviolabilité? Qu'importe que l'imprimeur ou le libraire aient en cette qualité des obligations spéciales de discipline ou de police à remplir? acquièrent-ils, parce qu'ils y ont satisfait, le droit d'être impunément complices d'un délit quelconque? Et pourquoi les délits commis par la voie de la presse, obtiendraient-ils une exception légale? Il faut sortir, à mon avis, de cette théorie de circonstance; il faut rentrer dans le vrai, dans le droit commun, en statuant que le fait d'avoir imprimé ou vendu tel écrit ne constitue pas, à lui seul, la complicité; mais que si d'autres faits, d'autres élémens de conviction la font présumer ou la prouvent, l'imprimeur et le libraire pourront être poursuivis et condamnés comme l'auteur. Ce sera au ministère public à voir s'il doit les comprendre dans la poursuite, et au jury à déclarer s'il sont, ou non, complices du délit.

Comment se feront ces poursuites? quelles en seront les formes et les règles? Nous entrons ici dans le lieu saint où doivent se décider les destinées de la liberté de la presse. Des dispositions qui seront adoptées à ce sujet dépend la question de savoir si la législation la traitera comme un droit à consacrer, comme un ennemi à combattre. C'est seulement, en effet, dans les conditions et le mode de poursuites qu'elle peut trouver des garanties qui la fondent. Convaincu, ainsi que je l'ai déjà exprimé plus d'une fois, qu'il s'agit non de la restreindre, mais de la fonder, non de lui opposer des lois, mais de lui en donner qui la protégent et en qui elle se confie ; c'est dans cette vue que j'examinerai les nouvelles questions qui se présentent.

Elles sont nombreuses et délicates. Pressé d'arriver au but, je poserai successivement celles qui me paraissent fondamentales, et dont la solution doit trancher les questions secondaires. Elles se réduisent à quatre.

Première question. *Au nom et sur la demande de qui doivent être entamées les poursuites ?*

Il est évident que l'origine légale, prescrite à la procédure, doit varier selon la nature des délits. On peut les ranger sous quatre classes.

1°. En cas de crime ou délit contre la société en général, c'est-à-dire, en cas de provocation, par la voie de la presse, à un crime ou délit quelconque, prévu et défini par les lois, les poursuites doivent avoir lieu d'office, à la requête du ministère public.

2°. En cas de diffamation ou d'outrage contre le roi ou les membres de la famille royale, les poursuites doivent également avoir lieu d'office. Nous sommes ici sur la limite où le délit, bien que spécialement dirigé contre un individu, peut encore être considéré comme atteignant directement la chose publique elle-même. En ce qui concerne la personne du roi, cela n'est pas douteux. De quelque façon qu'il soit attaqué, la société est attaquée en lui ; l'individu est absorbé par le chef de l'état, qu'aucune insulte ne peut atteindre sans que les pouvoirs publics soient appelés à se mettre d'eux-mêmes en mouvement pour la réprimer. Il me paraît convenable que la même disposition soit appliquée aux membres de la famille royale. Il est des situations qui, par leur nature seule, doivent être respectées et dont on doit tenir compte dans ce qui touche les individus qui les occupent.

3°. En cas de diffamation ou d'outrage contre les corps constitués, la question devient plus embarrassante. Au premier coup d'œil, il semblerait naturel d'ordonner que les poursuites se feront aussi d'office. C'est la société elle-même, ce sont les fonctions publiques qu'il s'agit de venger, bien plus que les individus qui les exercent. Mais d'autre part, de tels procès doivent être rares, car leur multiplicité pourrait gravement compromettre la liberté d'examen de la conduite des corps, plus importante encore à surveiller que celle des fonctionnaires isolés. Et comme il y a, entre tous les agens de tous les pouvoirs, une certaine communauté d'intérêt qui les porte à se défendre réciproquement, on serait fondé à ne pas voir sans crainte un procureur-général investi du droit de poursuivre d'office, pour cause de diffamation ou d'injure contre tel ou tel corps qui ne se plaindrait point, et chargé seul de la responsabilité morale à laquelle de telles poursuites sont nécessairement soumises. Dans le cours ordinaire des choses, c'est à la conduite des corps constitués à repousser la diffamation ou l'injure; leur considération plaide pour eux et suffit à leur vengeance. C'est seulement lorsqu'il y a scandale, lorsque la morale publique est offensée, que doit être réclamé le châtiment; et, dans ce cas, les garanties de la liberté exigent que le corps soit tenu de dénoncer lui-même l'offense. En Angleterre, la chambre des communes peut ou appeler à sa barre l'auteur coupable d'un acte de mépris (*contempt*), et se faire justice elle-même, ou le dénoncer au roi qu'elle prie de le faire poursuivre. Le dernier mode me paraît préférable à tout autre. Que tout corps légal qui se croira diffamé ou injurié, puisse, en vertu d'une délibération, dénoncer le fait au procureur-général qui sera tenu de poursuivre en son propre nom et comme partie publique, alors de tels procès ne seront entrepris que pour des causes graves ; une grande solennité les environnera ; le corps, bien que demeurant étranger aux poursuites amenées par sa dénonciation, sera cependant, aux yeux de l'opinion, responsable de leur légitimité ; la condamnation prononcée par le jury aura une autorité imposante ; et le respect dû aux dépositaires des fonctions sociales sera efficacement protégé, sans que la liberté de la presse se puisse croire menacée.

4°. En cas de diffamation ou d'injure contre un individu, fonctionnaire public ou autre, je ne crois pas qu'il y ait à hésiter ; nulle poursuite ne peut être exercée d'office, et le plaignant doit être tenu de se porter partie civile. L'intérêt privé, bien entendu, le conseille, et la liberté de la presse est à ce prix. C'est un étrange spectacle que celui d'un procès entre deux parties dont ni l'une ni l'autre ne l'a provoqué. Donner au ministère public le droit de poursuivre d'office la diffamation et l'injure individuelle, c'est lui donner le droit de traduire forcément devant les tribunaux, non-seulement l'offenseur, mais l'offensé. En cas de meurtre et de vol, cela doit être ; l'offensé est absolument étranger aux conséquences du procès ; l'absolution du prévenu ne lui causera aucun dommage. Mais en cas de diffamation, telle est la nature des choses, que la réputation de l'offensé se plaide en même temps que le délit de l'offenseur. L'offensé seul peut savoir si en effet son honneur est compromis, et s'il n'a pas plus à perdre qu'à gagner à la discussion publique de l'écrit ; il sera moralement condamné si l'auteur est absous. Il y a une sorte d'absurdité à lui faire courir malgré lui une telle chance ; de même qu'il serait peu juste et fort peu moral de poursuivre d'office , pour cause d'adultère , une femme dont le mari ne se plaindrait point.

J'ajouterai que , si nous voulons nous former aux mœurs des peuples libres , si nous voulons que le caractère des fonctionnaires et des citoyens acquière quelque chose de public et de ferme , il est bon de leur imposer la nécessité de se défendre en personne , quand ils se croiront personnellement attaqués. Les anciennes mœurs et les persécutions révolutionnaires nous ont légué à cet égard une réserve , une timidité , une crainte de paraître qui ne conviennent ni à nos institutions, ni à l'état actuel de la société. Quand le gouvernement est , pour ainsi dire , au concours , quand les citoyens interviennent et dans les lois et dans les jugemens, quand tous les débats sont publics , quand la liberté de la presse invite toutes les opinions à se produire , nul n'a droit de prétendre que , par un ménagement puéril , on lui épargne, dans sa propre cause , l'embarras de se mettre lui-même en lumière. Beaucoup de gens aiment mieux ne pas réclamer ; à la bonne heure ; c'est à eux seuls qu'ils devront s'en prendre. Mais beaucoup d'autres , et les fonctionnaires surtout , s'accoutumeront à ne pas craindre , à ne pas fuir les regards du public ; et si les moyens d'obtenir de justes réparations sont d'ailleurs bien assurés à quiconque y aura droit , nos mœurs y gagneront ce caractère d'une mâle franchise , le plus solide appui des institutions libres , et leur plus efficace garantie.

Dans des temps de férocité et d'inexpérience, lorsque les institutions sociales et les habitudes individuelles étaient toutes tournées vers la guerre, un duel jugeait les procès. Dans des temps de publicité et de liberté, une poursuite en diffamation est une sorte de duel moral dont celui qui le provoque doit courir personnellement les chances.

Et d'après quels principes l'en affranchirait-on quand le prévenu y demeure exposé ? C'est l'inconvénient radical et peut-être inévitable des poursuites exercées d'office, que, lorsqu'un jugement les déclare mal fondées, le citoyen qui en a été injustement l'objet, n'obtient aucune réparation de ce qu'il a perdu ou souffert. Faut-il donc étendre cet inconvénient aux occasions même où il n'est pas nécessairement produit par la nature des choses ? A.... est accusé d'avoir diffamé B..... dans un écrit ; si le fait de la diffamation est reconnu, A...... sera passible de dommages-intérêts envers son adversaire. Pourquoi B..... ne le serait-il pas également si le jury trouve sa plainte mal fondée ? Le droit d'obtenir justice implique-t-il celui de commettre l'injustice ? Et parce qu'on veut donner à l'individu qui se prétend diffamé, des garanties légales, refusera-t-on toute garantie réciproque à celui qui se voit accusé de diffamation ? En cas de gain comme en cas de perte de procès, il faut qu'entr'eux la chance soit égale, et quelque péril doit être attaché à la poursuite comme à la publication de l'écrit qui y donne lieu.

Que si, de la considération des intérêts privés, nous passons à celle de l'intérêt public, ce dernier motif de décision paraîtra bien plus grave. L'intérêt public dominant est ici celui de la liberté de la presse dont le sort dépend encore plus des procès que des lois. Comment se maintiendra cette liberté si elle n'a jamais à lutter que contre un adversaire irresponsable, et si, toutes les fois qu'elle sera en cause, le ministère public se présente nécessairement contre son accusateur? M. le général Canuel intente, contre MM. Favier et Saineville, une action en calomnie : le ministère public n'est point engagé d'avance ; il peut porter dans ses conclusions l'impartialité la plus absolue, et frayer ainsi à l'opinion publique , et aux juges eux - mêmes, la route de la vérité. Sa situation serait-elle aussi bonne, aussi convenable, aussi peu inquiétante pour la liberté de la presse, si les poursuites avaient été entamées par lui et en son nom ? On dira peut-être qu'elles ne l'auraient pas été, qu'il n'y aurait point eu de procès. C'eût été un mal et un grand mal. Quand des événemens aussi déplorables ont eu lieu, il est bon qu'ils deviennent l'objet d'un débat juridique ; et il vaut beaucoup mieux, pour l'autorité, pour la liberté , pour l'ordre public , que ce débat s'engage entre deux individus. Le gouvernement en sera , d'ordinaire , moins compromis ; l'indépendance des juges en est plus assurée ; la lutte ne s'établit pas d'une manière directe entre l'opinion et le pouvoir ; enfin le plaignant et le prévenu demeurent réciproquement et également responsables : circonstances dont la réunion serait fort à désirer dans la plupart des procès criminels , et qu'il faut bien se garder de détruire d'avance dans ceux où elles se rencontrent naturellement.

Seconde question. *Au domicile de qui doivent être portées les poursuites?*

Quand les poursuites se font d'office et à la requête du ministère public, la question n'est pas douteuse ; elles doivent être portées devant le tribunal du lieu où le prévenu a publié son écrit. Je ne vois, pour mon compte, qu'une mauvaise subtilité dans l'opinion de ceux qui soutiennent que le délit se commet et se renouvelle partout ou l'écrit se distribue ou se vend. Ils profitent, comme on l'a fait souvent en cette matière, de la nature singulière de l'instrument du délit pour méconnaître la nature des choses qui n'en est point changée. Un capitaine du Levant débarque à Marseille en contravention aux règlemens sanitaires ; il apporte la peste, elle se propage ; dira-t-on que la contravention a été commise partout où le mal se déclare, et croira-t-on pouvoir poursuivre le contrevenant, non-seulement à Marseille, mais dans tout autre lieu que la peste aura atteint ? La publication de l'écrit est le fait primitif qui suppose et contient tous les autres ; où se passe ce fait, là est commis le délit, là doivent être portées les poursuites.

L'application de ce principe, au cas où les poursuites ont lieu sur la plainte d'une partie privée, et pour cause de diffamation ou d'injure, a paru plus contestable. C'est surtout au domicile du plaignant, dit-on, que la diffamation produit son effet ; c'est là que la réparation doit être demandée ; et comment imposer à un citoyen, troublé dans son repos, attaqué dans son honneur par un écrit diffamatoire, l'obligation d'en aller chercher justice à cent lieues de chez lui ; et, avec cette obligation, tous les ennuis, tous les inconvéniens qui en peuvent résulter, et tout cela pour obtenir une réparation qui n'aura nul éclat dans l'endroit où elle serait nécessaire ? Sans nier que ces considérations soient de quelque valeur, je ne puis leur accorder une force supérieure à celle du droit commun et d'intérêts plus élevés encore. Et d'abord elles ne sont puissantes que dans la supposition que la diffamation est réelle, et la plainte fondée. Or c'est ce qu'on ne sait point tant que le jugement n'est pas rendu. La supposition contraire a bien aussi son poids ; tout citoyen pourra donc, sous prétexte qu'il a tenté d'en diffamer un autre, être arraché à son domicile, et appelé à cent lieues, pour repousser une inculpation peut-être mensongère ; entre deux intérêts pareils, pourquoi déroger ici au principe ordinaire qui met les inconvéniens et les embarras du déplacement à la charge du demandeur. Ne plaide-t-on pas tous les jours à l'autre extrémité du royaume pour des intérêts civils moins graves que ceux de la réputation ou de l'honneur ? Et, quant à la réparation, ne sera-t-elle pas assez publique par le jugement lui-même ? L'affiche ne pourra-t-elle pas en être ordonnée au domicile du plaignant qui l'aura obtenu ? Et quand il serait vrai que, dans cette balance de deux intérêts privés, on pût encore hésiter, un intérêt supérieur, celui de la liberté de la presse en général, ne fournirait-il pas ici les motifs les plus déterminans ? Je l'ai dit et je le répète encore ; c'est une vaine et ridicule entreprise que de prétendre faire à cette liberté une petite guerre d'observation et de chicane ; il faut l'admettre dans les lois, non par des dispositions d'exception et de défiance, mais selon les principes du droit commun. Or, le droit commun donne aux citoyens, pour juges du délit, les juges du lieu où l'action a été commise, c'est-à-dire, dans le cas qui nous occupe, les juges du lieu où la publication a été faite. Les lois doivent protection contre la diffamation et l'injure, nul doute; nous sommes plus disposés que personne à réclamer, à cet égard, de fortes garanties, car nous pensons que c'est par-là surtout que la liberté de la presse pourrait se discréditer. Mais en quoi doit consister cette protection des lois? dans des dispositions pénales efficaces, et dans un mode de jugement qui assure, s'il y a lieu, leur application. Or, il est dans la nature des jurés de se montrer, en cas de diffamation ou d'injure, plus enclins à la sévérité qu'à l'indulgence ; car, entre les deux intérêts privés qui se combattent, leur situation et leurs sentimens les rangent plutôt du côté du plaignant que de celui du prévenu. Dans le cours de l'instruction, c'est au prévenu que protection est due ; c'est lui surtout qui, jusqu'au jour du jugement, doit être l'objet de la prévoyance et des précautions de la loi. S'il est condamné, il subira la peine qu'il a méritée ; mais tant qu'il ne l'est pas, de quel droit prétendez-vous lui rendre plus embarrassant et plus pénible un procès qu'il n'a point intenté, et dont vous ignorez si l'issue lui sera favorable ou contraire? Et parce que la liberté de la presse est engagée dans la cause, parce qu'il s'agit de savoir, non-seulement si le prévenu est coupable, mais encore si le fait qui donne lieu à la poursuite est réellement un délit, faudra-t-il donc aggraver, aux dépens du prévenu, les formes de la procédure comme si l'on avait dessein de lasser, de décourager, de dégoûter, dans sa personne, la liberté dont il a fait usage.

Troisième question. *A quelle époque les poursuites peuvent-elles commencer légalement?* c'est-à-dire, à quelle époque une tentative de délit commise par la voie de la *presse, doit-elle être considérée comme accomplie par la volonté de l'auteur ?*

Qu'il s'agisse de provocation, de diffamation ou d'injure, le délit ou la tentative de délit réside évidemment dans la publication. La publication seule réunit les deux caractères qui incriminent l'acte, savoir la chance d'un dommage et l'intention de nuire accomplie, autant qu'il est au pouvoir de l'agent. Tant que la publication n'a pas réellement eu lieu, ni l'un ni l'autre de ces caractères ne saurait être légalement attribué à aucun des actes qni l'annoncent ou la préparent. Tant que l'auteur n'a pas livré son écrit au public, il peut le supprimer; c'est-à-dire, que la tentative de délit peut être arrêtée de son gré et par son fait : la formalité du dépôt n'a d'autre objet que d'avertir l'autorité d'un dessein qui n'a pas encore reçu, et peut encore ne pas recevoir son exécution. Et quant au dommage, pour soutenir qu'il est possible par le seul fait de l'impression, c'est-à-dire, par la communication du manuscrit aux ouvriers qui l'impriment, il faut soutenir que les conversations privées doivent être assimilées aux discours tenus dans des lieux publics. Il y a dix-sept siècles que Tacite, indigné, recueillait toute la vigueur de son génie pour flétrir en quelques mots une telle doctrine; et je pense qu'aujourd'hui il serait encore plus difficile de la professer que de la pratiquer.

Il faut donc que dé fait, la publication ait eu lieu pour que la poursuite puisse être légalement commencée? La loi doit-elle définir d'avance la publication? J'en doute; la publication est un fait positif qui peut être constaté dans chaque cas particulier, mais dont il est malaisé de prévoir tous les modes, pour les resserrer dans une définition légale dout l'effet serait d'exclure ceux qui ne rentreraient pas dans ses termes. De telles définitions ont toujours, dans la pratique, plus d'inconvéniens que d'avantages. Si le fait est contesté, ce sera au jury à décider, par sa réponse à une première question, s'il y a eu, ou non, publication. Cependant, si on croyait devoir définir la publication par un article, on pourrait dire qu'elle consiste dans la mise en vente ou la distribution de tout ou partie des exemplaires. Je n'entrevois pas de définition plus exacte et plus compréhensive.

Quatrième question. *Après la dénonciation et avant le jugement, y a-t-il lieu d'ordonner la saisie de l'écrit ?*

Les principes que nous venons de poser repoussent toute idée de saisie avant la publication effective de l'écrit. Et en effet, dans un tel système, la liberté de la presse n'a point d'existence légale ; l'autorité pouvant ordonner la saisie au moment même où elle délivre le récépissé du dépôt, et la publication ne pouvant avoir lieu avant la remise de ce récépissé, il en résulte en droit, une véritable censure qui ne diffère de la censure impériale qu'en ce qu'elle s'exerce par des juges, et sur un exemplaire imprimé. Je doute qu'il soit nécessaire de combattre désormais ce système; son impuissance est aussi clairement démontrée que son artifice. C'est un des grands bienfaits de la liberté que de déjouer par sa seule présence toutes les adresses d'une politique subalterne, et d'obliger le pouvoir à chercher dans une habileté plus franche et plus haute, la force dont il a besoin.

Mais, ce système ainsi ruiné par l'obligation imposée à l'autorité accusatrice de prouver la réalité de la publication, une question reste encore ; c'est celle de savoir si un écrit publié et dénoncé aux tribunaux pour son contenu, doit être saisi au moment de la dénonciation, ou circuler librement jusqu'à ce qu'un jugement ait condamné l'auteur. Entre la saisie avant publication et la saisie après publication mais avant jugement, il n'y a nulle ressemblance, et la question me paraît grave. Les adversaires de toute saisie antérieure à la condamnation soutiennent que le véritable objet des poursuites exercées contre un écrit diffamatoire ou provocateur, et du jugement même, n'est pas d'en arrêter la circulation, mais d'en flétrir le contenu et d'en punir l'auteur; prétendre empêcher que l'écrit ne soit lu, disent-ils, c'est tenter l'inutile et l'impossible; c'est mettre de plus la liberté de la presse en péril. La liberté de la presse étant, et cela est certain, traduite en justice elle-même dans la personne de l'écrivain accusé, il faut qu'elle se défende aussi elle-même dans le cours du procès, c'est-à-dire, que le public prenne connaissance de l'écrit, afin de pouvoir juger à son tour le jugement. En cela consiste, pour de telles affaires, la vraie publicité de l'instruction, plus importante ici qu'en tout autre sujet. Quels résultats aura d'ailleurs la saisie? Aucun, si ce n'est d'élever le prix des exemplaires déjà distribués ou vendus, et de les faire rechercher avec plus d'avidité. L'effet des condamnations de ce genre est un effet moral qui ne peut naître que de la conformité du jugement des juges avec celui de l'opinion; or, toute saisie, tout obstacle apporté à la circulation de l'écrit, compromet d'avance cet effet en inspirant quelque défiance à l'opinion qu'on a prétendu priver des moyens d'examen et de contrôle, auxquels elle a droit. Sans doute cette liberté de circulation d'un écrit, peut-être criminel, n'est pas sans inconvéniens;

mais il faut choisir entre le système préventif et le système répressif ; or , toute saisie antérieure au jugement appartient au système préventif ; enfin , si ces inconvéniens étaient très-graves , elle ne suffirait point pour y porter remède.

Ces considérations sont puissantes ; cependant elles ne m'ont pas convaincu. Les actes coupables auxquels la presse peut servir d'instrument étant des tentatives de délit, laisser circuler sans obstacle l'écrit dans lequel on a cru reconnaître ce caractère, c'est courir la chance que la tentative atteigne son but ; c'est conniver avec l'auteur à la possibilité du succès. Il y aura inévitablement un scandale bizarre dans la libre circulation d'un écrit poursuivi en même temps comme diffamatoire ou provocateur. Et pour m'en tenir à une comparaison déjà employée, ne pourrait-on pas s'étonner que l'autorité, traduisant devant les tribunaux un capitaine de navire qui aurait importé la peste , ne prît aucune mesure pour en empêcher la propagation ? On a beau dire qu'ici les mesures seront tout-à-fait impuissantes , je ne saurais le croire. Si la saisie fait hausser de prix les exemplaires déjà vendus, la poursuite seule en ferait vendre un bien plus grand nombre, et l'exécution du jugement qui ordonnera peut-être , en fin de cause , la suppression de l'écrit , deviendrait à peu près impossible. Je partage peu également la crainte que la liberté de la presse n'ait à en souffrir ; la nécessité d'une publication réelle avant le commencement des poursuites , et le jugement par jurés , me paraissent des garanties assez fortes. Sans doute il faut que l'opinion publique soit éclairée et en état d'apprécier la légitimité du jugement ; mais les exemplaires en circulation avant la saisie, ceux qui lui échapperont et la publicité des débats, ne suffiront-ils pas pour l'éclairer ? Enfin il y a, dans le système que je combats ici, une certaine complaisance qui me paraît inutile aux intérêts de la liberté, et je ne sais quelle inconséquence morale peu digne, ce me semble, de la gravité, de la régularité, avec lesquelles toute poursuite criminelle doit être entamée et suivie.

Si la saisie avant le jugement était admise, elle devrait être ordonnée par le juge d'instruction, lequel serait tenu de faire, dans le délai de huit jours, son rapport à la chambre du conseil. A défaut de jugement qui, dans la quinzaine, eût déclaré la mise en prévention et le renvoi à la chambre des *mises en accusation* de la cour royale, la saisie serait de plein droit périmée et sans effet. Un délai de huit jours serait accordé à cette chambre pour ordonner ou refuser la mise en accusation ; et faute par elle de statuer, la saisie serait également périmée après l'expiration de ce délai. La saisie avant la mise en accusation définitive ne pourrait ainsi durer qu'un mois au plus.

De question en question j'arrive à l'époque du jugement. Je ne répéterai point ce qui a été dit sur l'absolue nécessité de le confier à des jurés. L'expérience elle-même nous pousse aujourd'hui dans la route où nous avait appelés la raison ; car j'ai peine à croire que le système de la police correctionnelle trouve encore des défenseurs bien confians. On a demandé à ces tribunaux une barrière contre la licence ; ils se sont flattés de la construire en entassant les condamnations ; et les condamnations n'ont servi qu'à redoubler l'ardeur de la mêlée, comme on voit dans l'assaut d'une place les morts devenir le pont même sur lequel passent enfin les assaillans. Quand la liberté a pris pied quelque part, il faut pour la repousser d'autres armes que les emprisonnemens et les amendes. On peut, en lui cédant sa place légitime, conclure avec elle un bon traité; mais parmi ceux qui la redoutent le plus, il n'en est peut-être pas un seul qui ne fût saisi d'épouvante, s'il lui était donné d'entrevoir tout ce qui serait nécessaire pour la détruire. Aussitôt que la liberté existe et se croit sûre, elle prête son crédit au pouvoir contre la licence; tant qu'elle se sent mal à l'aise et menacée, c'est à la licence qu'elle s'unit. Séparez ces deux causes si vous voulez vivre, et pour les séparer, adoptez avec empressement tous les moyens de les distinguer. Or, de tous ces moyens, le jugement par jurés est peut-être le plus efficace. Il est dans les nécessités du temps et dans la nature de nos institutions que l'opinion, et j'entends par là la raison publique, exerce sur la conduite du pouvoir une continuelle influence. Multipliez donc, autour du pouvoir, les canaux réguliers par lesquels cette opinion peut lui arriver, les thermomètres légaux qui peuvent la lui manifester et lui en donner la mesure; s'il n'en est pas sans cesse averti, il l'ignorera; et s'il l'ignore, il périra; car nulle existence matérielle ne saurait résister long-temps à un tel ennemi. Le système représentatif, le jugement par jurés, la liberté de la presse, sont aujourd'hui les seules sources où le gouvernement puisse puiser la force, c'est-à-dire, la vie, c'est-à-dire la durée; et c'est dans l'intérêt de l'ordre et du repos, comme dans celui des droits des citoyens, que nous ne cesserons d'en réclamer l'entier et légal développement.

Regardant donc l'application du jury au jugement des délits de la presse comme également commandée par tous les intérêts qui sont tous identiques quand on les réduit, tous à ce qu'ils ont de légitime , je ne pense pas que cette application doive amener aucune combinaison spéciale ni dérogatoire au droit commun. Sans doute l'organisation actuelle du jury exige d'importantes réformes ; mais comme je ne crois point que la nature de ces réformes doive être telle qu'en aucun cas la vie ou la destinée des citoyens coure la chance d'être remise à la décision d'un mauvais jury , je suis convaincu que des jurés , capables de prononcer sur de telles questions , seront très-capables aussi de constater la provocation ou la diffamation. Il faut constituer le jury commun de telle sorte qu'il soit toujours bon , car sa bonté est toujours indispensable ; alors on n'aura aucun besoin de recourir à des jurés spéciaux. La seule règle particulière dont l'établissement me paraisse désirable dans les procès pour délit de la presse et dans quelques autres cas , c'est l'appel d'un plus grand nombre de jurés , et la faculté accordée aux deux parties d'exercer quelques récusations de plus.

La position des questions adressées aux jurés peut aussi, dans la matière qui nous occupe , donner lieu à quelques observations. Je me bornerai maintenant à une seule. Il est bon , ce me semble , que la loi ordonne à la cour de poser dans tous les cas , au jury , et selon son opinion , l'une des deux questions suivantes : *Y a-t-il des circonstances aggravantes ?* ou : *Y a-t-il des circonstances atténuantes ?* Telle est la nature des délits de ce genre que , le plus souvent, pour que le fait soit pleinement et justement caractérisé , il sera nécessaire que l'une ou l'autre de ces deux questions soit résolue. Nous avons déjà reconnu que l'impossibilité de donner , dans la loi , une définition précise et une mesure exacte des délits , obligeait les législateurs à laisser au juge , pour la fixation des peines , une grande latitude , le magistrat n'en doit pas disposer seul et à son gré. Quand le jury répondra affirmativement à la première des deux questions que nous venons d'indiquer , la cour sera tenue d'appliquer le *maximum* , et réciproquement. La réponse négative du jury laissera à la cour plus de liberté , mais sous la condition de n'infliger ni le *maximum* ni le *minimum* légal. Cette restriction apportée au pouvoir de la cour me paraît importante et prescrite par la nature des choses.

Je pense également qu'en cas de réclamation de dommages-intérêts pour cause de diffamation ou d'injure , c'est au jury que doit être dévolu le droit de les arbitrer. Cela se pratique ainsi en Angleterre , et avec raison , à mon avis. C'est dans la quotité des dommages-intérêts que consiste souvent la véritable appréciation , la seule appréciation légitime du fait. Tel fait qui ne doit entraîner qu'une peine très-légère , peut cependant donner lieu à des dommages-intérêts considérables , et *vice versâ*. Dans l'impossibilité absolue d'assigner à ces réparations des limites légales , le jury est beaucoup plus propre que la cour à en régler la mesure.

Affranchira-t-on les journaux de toute censure préalable ? Je ne puis jeter les yeux sur *le Conservateur* ou sur *la Minerve* , sans être tenté de sourire de l'importance qu'on attache encore à cette question. Qu'un gouvernement trouve la liberté de la presse incommode , dangereuse même , qu'il désire ou essaie de l'étouffer , il formera peut-être une entreprise vaine , insensée : cependant cela se conçoit. Mais que , lorsque cette liberté existe pleine et entière sous une forme , il se travaille péniblement pour lui en interdire une autre , espérant en recueillir quelque profit, c'est ce qui me paraît difficile à expliquer. Si une telle tentative avait lieu à la naissance même du gouvernement , à une époque d'incertitude et d'inexpérience commune , où la liberté de la presse elle-même , n'ayant pas encore appris à connaître ses forces ni joui de ses succès , n'osât se risquer que timidement dans une atmosphère inconnue, l'erreur serait peut-être moins grave ou plus excusable. C'est ce que nous avons vu en 1814 après la restauration. Mais déjà , dans les premiers mois de 1815 , la loi du 21 octobre 1814 était usée, déjouée , la liberté de la presse avait pris son vol, et *le Censeur* , malgré l'épaisseur de son volume , malgré l'intervalle de ses publications , avait déjà tout le crédit et tout l'effet dont la loi avait voulu défendre momentanément le pouvoir. Que serait-ce donc maintenant que la liberté de la presse sait si bien son métier ? Les lois d'exception ont formé la France ; elle en a étudié le jeu et mesuré la portée ; elle a appris à quel point l'une est nécessaire à l'autre , comment on peut échapper à celle-ci quand celle-là n'est pas disponible pour venir à son secours ; les écrivains , les imprimeurs , les libraires , le public se sont savamment exercés à cette petite guerre où succombent par fois quelques enfans perdus ; mais dont le gros du parti sort toujours avec un triomphe d'autant plus éclatant que l'habileté semble y avoir plus de part. En un tel état des choses , quand toutes les lois d'exception vous ont échappé , que vous servirait de retenir plus long-temps la censure des journaux ? *La Minerve* et *le Conservateur* sont de vrais journaux , et d'autant plus lus qu'eux seuls parlent sans permission ni privilége. Essayeriez-vous d'atteindre encore ceux-là ? La liberté se réfugierait de nouveau dans *le Censeur* ou dans des brochures divisées en chapitres que trois ou quatre écrivains feraient de concert, et qui paraîtraient sans souscription, sans annonce, sans périodicité aucune, sans que vous eussiez contre elle aucune autre arme que les poursuites judiciaires; et la liberté se concentrerait là, avec d'autant plus d'amertune et de violence, qu'elle se verrait plus chaudement poursuivie. C'est une conspiration indestructible que celle du public avec les écrivains qu'il croit dévoués à son intérêt; elle a des ruses, des secrets, une science contre lesquels nul pouvoir ne peut lutter, à moins que d'une main terrible il ne saisisse et n'enchaîne en même temps à ses pieds toutes les libertés. Tant que la liberté de la presse aura quelque part un asile, elle s'y établira, et tout le monde ira l'y chercher et s'y établira avec elle, jusqu'à ce que de là elle s'élance pour reconquérir tout son empire. Il faut que partout elle tremble, si on veut que nulle part elle ne soit assez forte pour faire trembler.

Convaincu qu'aujourdui il serait aussi impossible que funeste de remettre la France dans un état tel que les mesures d'exception dont il s'agit produisissent réellement les effets qu'on peut leur demander; convaincu également que, si l'administration n'était pas assez forte pour supporter la liberté des journaux, elle ne le serait pas assez non plus pour profiter de leur servitude; persuadé qu'il est à la fois raisonnable et nécessaire d'accepter pleinement à cet égard nos institutions et leurs conséquences, il ne me reste qu'à examiner si la liberté des journaux ne doit pas recevoir, d'une façon légale et permanente, quelques règles particulières.

En rendant aux journaux la liberté, il faut prévoir

qu'on leur rend aussi la puissance. Je n'ai personnellement aucun doute qu'avec une bonne conduite la portion
la plus considérable de cette puissance ne tourne au profit du gouvernement ; car je tiens pour assuré que, dans
tous les partis ou fragmens de partis qui, de près ou de
loin, se rattachent à la cause nationale, la majorité et une
majorité immense veut l'ordre, la justice, la durée. La
liberté des journaux, considérée isolément et en elle-
même, n'a donc rien qui m'effraye ; elle pourrait servir
d'instrument au mal, mais elle n'en sera jamais la source ;
et si le mal existait, à défaut de cet instrument-là il en
saurait bien trouver d'autres. Mais indépendamment de
toute circonstance locale et passagère, la puissance des
journaux libres est un fait qui mérite l'attention des législateurs ; leur action s'étend partout ; elle est facile, fré-
quente et continue ; elle pénètre dans toutes les classes de
la société, depuis celles qui jugent ce qu'elles entendent,
jusqu'à celles qui ne font qu'en recevoir l'impression. Un
journal n'est autre chose que l'expression des opinions de
quelques individus ; c'est communément le moyen de
correspondance et d'action d'un parti, ou, si l'on veut,
d'une certaine coalition d'opinions et d'intérêts sembla-
bles. Il est bon que cette correspondance s'établisse, que
cette concentration s'opère, et manifeste ce qui est ; mais
il est bon aussi que ceux qui s'en font les instrumens ou
les organes, donnent à la société quelques garanties ; il
ne faut pas que la facilité de répandre une feuille à un
sou devienne, entre les mains du premier venu, un moyen
de provocation ou de diffamation si étendu et si rapide,

que la force judiciaire se trouve trop lente pour en réprimer les effets à temps et partout. Ce n'est pas le pouvoir qu'il faut charger de la surveillance préalable des journaux, car sa surveillance tue la liberté ; c'est aux hommes mêmes qui font les journaux ou qui en disposent qu'il est utile d'imposer la nécessité d'une certaine surveillance ; c'est à eux qu'il faut demander un gage de l'emploi qu'ils feront d'un instrument si énergique , comme on ne confère le droit de port d'armes qu'aux citoyens établis. La constitution toute entière de l'ordre social n'est autre qu'une série de garanties de ce genre ; et ce n'est pas en détruisant ces garanties , mais en les plaçant où elles doivent être qu'on réussit à fonder la liberté.

La nécessité d'un cautionnement en numéraire d'une assez haute valeur, la chance de subir, en cas de condamnation juridique, le *maximum* de la peine, l'obligation d'insérer la dénégation des faits faux qui auraient pu être publiés, celle de déposer, à chaque publication, entre les mains d'une autorité déterminée , un exemplaire signé de l'éditeur en titre , etc. : telle est la nature des conditions que la loi pourrait attacher à la publication des journaux. Quelques-unes de ces conditions se pratiquent en Angleterre, on peut les varier par une foule de combinaisons , en partant toujours du principe qu'elles ont pour but, non d'attribuer à l'administration aucune surveillance des journaux, ni de porter à la liberté aucune atteinte, mais de donner à la société quelques garanties de l'emploi qu'on fera de la liberté , en imposant à ceux qui voudront en user une responsabilité légale assez forte pour tenir en éveil leur prévoyance.

J'ai essayé de coordonner et de résoudre les principales questions que peut faire naître la liberté de la presse considérée comme instrument de délit ; fonder cette liberté en lui assurant des garanties légales et la faire coexister avec l'ordre, en les amenant l'une et l'autre à puiser dans les mêmes lois leur force et leur règne, telle est l'idée qui m'a constamment guidé. J'ai dû laisser de côté beaucoup de raisonnemens ou de faits qui auraient pu venir à l'appui de ma pensée, et passer même sous silence plusieurs questions d'une importance assez grave, bien que secondaire. Je n'ai voulu qu'indiquer les dispositions essentielles d'une loi complète, et poser, en les classant, les problèmes qui y sont contenus. Quoi qu'il en soit de la vérité de mon opinion sur tel ou tel point, le moment est venu d'exécuter l'œuvre et de donner enfin à chacun de nos droits publics sa législation constitutionnelle. J'entends exprimer des craintes ; on crie à l'impatience, à la licence, aux arrières-pensées démagogiques, au désir coupable du désordre et des révolutions. J'admettrai, si l'on veut, ces faits, bien que je ne les croie ni aussi étendus ni aussi menaçans qu'on semble le penser, et je dirai alors avec une conviction encore plus profonde, que le moment est venu de réaliser pleinement la charte, d'adopter hautement tous ses principes, de convertir en lois ses conséquences, de lui faire porter enfin tous ses fruits, qui seront en même temps des racines pour le trône comme pour la liberté. On invoque, et avec raison, la force, le repos, la durée ; tout cela est dans l'établissement ferme du système constitutionnel ; ailleurs on ne trouvera qu'agitation, faiblesse et incertitude de l'avenir ; à la liberté seule il est donné désormais de dompter la licence, de maintenir la paix, de procurer la vigueur du pouvoir.

Je ne suis point de ceux qui se font gloire de professer que toute mesure d'exception est toujours inutile ; je me suis borné quelquefois à déplorer les nécessités que je ne contestais point. Il est, dans la destinée des gouvernemens et des peuples, des crises où pour vivre demain il faut accepter aujourd'hui non-seulement le mal lui-même, mais encore le mal du remède. Et c'est précisément parce que ce remède, dont les causes sont tristes, a aussi de tristes résultats, qu'il faut absolument y renoncer aussitôt que le danger du jour ne le rend plus indispensable. Après avoir lutté, par des lois d'exception, contre les terribles restes de la crise de 1815, c'est maintenant par des lois de liberté qu'il faut lutter contre les restes des lois d'exception. La France est sortie de l'état extraordinaire où elle avait été placée ; nulle armée, à la fois glorieuse et mécontente, ne se disperse dans son sein, nulle armée étrangère ne foule son sol ; nulle charge vague et inconnue ne menace de fondre encore sur elle. Voulez-vous effacer les traces morales de ce long mal dont les causes matérielles ont disparu ? hâtez-vous de fonder le bien qui doit durer, qui doit devenir notre situation régulière et permanente. Jusqu'ici une seule loi vraiment constitutionnelle, la loi des élections nous a été donnée : loi tutélaire, premier gage de l'alliance franche et complète du peuple et du trône ; le gouvernement lui doit ce qu'il a obtenu de confiance et de popularité. Et voilà que la faction antinationale qui l'a combattue, qui se voit vaincue par elle, s'efforce d'en faire l'objet d'une terreur dont elle se promet de profiter. Entre autres mérites, la loi des élections a celui de manifester la France telle qu'elle est ; or la France qui est aujourd'hui, c'est celle que nous ont faite le 20 mars, la chambre de 1815, les lois d'exception, les persécutions locales ; enfin toutes les fautes qui ont été commises, tous les maux que nous avons soufferts, toutes les nécessités qu'il nous a fallu endurer. Se flattait-on que ces calamités et tout leur cortége sortiraient de la France à la suite des étrangers ? Peut-on s'étonner qu'il en reste quelque souvenir, quelque agitation, quelque méfiance ? et prétendrait-on détruire ce qui en subsiste encore par les mêmes moyens qui l'ont produit ? Attaquez les causes du mal dont vous vous plaignez, et bénissez la loi qui vous le fait connaître, pendant qu'il est temps de le guérir.

Que s'il s'agissait de ce mal lui-même, j'aurais peu de peine à montrer que les adversaires que je combats, se trompent sur sa nature comme sur le remède qui lui convient, et les dernières élections m'en fourniraient la preuve ; elles n'ont mis en lumière aucun apôtre de la licence, ni des persécutions, ni du désordre, ni d'aucune doctrine perverse ou dangereuse à la société. C'est contre la chambre de 1815, et tout ce qui s'y rattache, qu'elles ont été dirigées. C'est qu'en effet la France ne craint que cela ; et ne demande des garanties que contre ce qui lui paraît l'en menacer encore. Que le dessein d'extirper cette crainte soit la vue constante du gouvernement ; qu'il donne lui-même à la France, soit par la marche de l'administration, soit par le développement de la charte, toutes ces garanties dont la nécessité n'est point le rêve de cerveaux malades ; et il verra bientôt que la France n'a nulle envie d'aller chercher ailleurs, par des révolutions, ce qu'elle peut obtenir sans secousse, par le maintien et l'affermissement de ce qui est.

IMPRIMERIE DE FAIN, RUE RACINE, PLACE DE L'ODÉON.

www.ingramcontent.com/pod-product-compliance
Lightning Source LLC
Chambersburg PA
CBHW051147050726
47594CB00003B/1290